Desserts
IG BAS

—

Plus de 50 Recettes Faciles

IG MEDIA

Avertissement et Mise en Garde

L'auteur de ce livre n'est ni médecin, ni nutritionniste, ni diététicien. L'objectif de ce livre est de vous présenter des recettes inspirées de l'alimentation IG bas. Il ne peut en aucun cas se substituer à l'avis de votre médecin.

Les indices glycémiques et valeurs nutritionnelles figurant dans ce livre ont été obtenus en croisant les données retrouvées lors de nos recherches.

Ce livre recueille des idées, méthodes et recettes liées à la santé qui peuvent être dangereuses si elles sont réalisées sans surveillance médicale. Ces éléments reflètent les recherches et les expérimentations menées par l'auteur ainsi que des idées de tierces personnes. Elles ne sont en aucun cas destinées à remplacer les conseils et services d'un professionnel de santé. Veuillez consulter un médecin avant d'entamer un régime, de faire des exercices ou de prendre des médicaments.

Les recettes de ce livre comportent des ingrédients allergènes. Veuillez vérifier que vous n'êtes pas allergique aux ingrédients employés avant de réaliser les recettes du livre.

L'auteur et l'éditeur déclinent toute responsabilité pour tout effet indésirable occasionné directement ou indirectement par les informations contenues dans ce livre.

Demandez conseil à votre médecin avant toute modification de votre régime alimentaire. Suivant votre état de santé, vos pathologies, votre âge, un changement de votre mode d'alimentation peut être dangereux. Ne prenez pas de risques ! Encore une fois, consultez votre médecin avant tout changement de vos habitudes alimentaires ou sportives.

Sommaire

L'IG BAS

en bref

Lorsqu'on s'intéresse à l'alimentation IG bas, un des grands points d'interrogation est bien sûr celui des desserts et plaisirs sucrés : s'il est sain de limiter les (mauvais) sucres et les pics de glycémie, cela signifierait donc qu'il vous faut dire adieu à toutes les gourmandises et autres desserts plaisir.

Rassurez-vous : l'IG bas n'interdit pas tout plaisir sucré.

Ce livre est justement là pour vous le prouver.

Notre objectif est simple : vous montrer que vous pouvez toujours allier gourmandise et IG bas, petites douceurs et nourriture saine. Ces recettes faciles agrémenteront vos fins de repas tout en réconciliant vos papilles et votre glycémie.

CG = IG X QUANTITÉ DE GLUCIDES D'UNE PORTION D'ALIMENT/100

Les principes en version express

En alimentation IG Bas, on s'intéresse à deux informations :

- l'**IG** (**I**ndice **G**lycémique)
- la **CG** (**C**harge **G**lycémique).

L'IG mesure la capacité d'un aliment à augmenter la glycémie (taux de sucre dans le sang), tandis que la CG précise cette vision en prenant en compte la quantité de glucides de l'aliment.

Plus l'IG et la CG sont faibles, et plus les aliments sont compatibles avec l'alimentation IG Bas, car ils impactent peu la glycémie.

IG élevé : Supérieur à 70
IG moyen : Entre 50 et 70
IG bas : Entre 35 et 50
IG faible : Inférieur à 35

CG élevée : Supérieure à 19
CG modérée : Entre 11 et 19
CG basse : Inférieure à 11

Introduction

Au sein de l'équipe, notre vision de l'alimentation ig bas est la suivante : une recherche permanente de plaisir, d'équilibre et de gourmandise, en minimisant l'impact sur sa glycémie et en consommant moins de sucre.

Contrairement à ce que de nombreuses personnes pensent, il n'est pas impossible de concilier plaisir sucré et impact minime sur sa glycémie, a condition de choisir les bons produits et de consommer des quantités modérées, adaptées à vos objectifs.

Un autre élément essentiel pour ne pas craquer et ne pas se laisser tenter par la facilité de consommer des produits industriels : avoir des recettes rapides et faciles à réaliser, avec le moins d'ingrédients possible. Il devient alors moins difficile de résister à l'appel du paquet de biscuits du supermarché.

Laissez-vous guider par ces plus de 50 recettes de desserts ig bas à faible impact glycémique, mais au réconfort et au plaisir préservés.

Bonne lecture et bon appétit !

Recettes de Base et Bonus

—

Pour commencer, voici en guise de bonus 15 recettes de base supplémentaires, bien utiles pour la suite.

Pâte brisée et feuilletée, crèmes, confitures...

Tout le nécessaire pour préparer ou accompagner la suite des recettes !

Pâte brisée légère et ig bas

INGRÉDIENTS

- 100 g de farine d'amande
- 15 à 20 ml d'eau
- 80 g de fromage blanc ou de skyr
- Optionnel : 1 c. à s. d'origan séché (pour une tarte salée)
- 2 c. à s. d'huile d'olive (pour une tarte salée) ou 30 g de beurre fondu (pour une tarte sucrée)
- Des lentilles ou pois cassés pour la cuisson du fond de tarte (ne sont pas consommés)

PRÉPARATION

1. Versez la farine tamisée dans un grand saladier et faites un puits. Versez l'eau dans le puits et mélangez progressivement avec la farine.

2. Ajoutez le fromage blanc et l'huile (ou le beurre) et pétrissez énergiquement jusqu'à obtenir une pâte homogène.

3. Travaillez la pâte 10 minutes sur un plan de travail propre et saupoudré d'un peu de farine.

4. Formez une boule, tracez une croix à l'aide d'un couteau et laissez reposer 15 à 30 minutes au réfrigérateur.

5. Préchauffez votre four à 180 °C.

6. Étalez la pâte avec un rouleau à pâtisserie entre deux feuilles de papier cuisson, et abaissez-la dans un moule à tarte.

7. Piquez la pâte à l'aide d'une fourchette et remplissez le moule de pois cassés ou de lentilles (réutilisables à chaque nouvelle pâte brisée).

8. Faites cuire 20 minutes, plus ou moins en fonction du temps de cuisson total prévu de votre tarte.

VALEURS NUTR.	*par tarte*	IG 16 ; Kcal 646 ; Lip 38,7 ; Pro 57,3 ; Glu 9,7
VALEURS NUTR.	*pour 100 g*	IG 16 ; Kcal 257 ; Lip 16,8 ; Pro 24,9 ; Glu 4,2

Pâte feuilletée ig bas

INGRÉDIENTS

- 60 g de farine d'amande
- 40 g de farine d'orge mondé
- 15 à 20 ml d'eau
- 40 g de beurre
- 80 g de fromage blanc ou de skyr

PRÉPARATION

1. Versez les farines tamisées dans un grand saladier et faites un puits. Versez l'eau dans le puits et mélangez progressivement la farine.

2. Ajoutez le fromage blanc et pétrissez énergiquement jusqu'à obtenir une pâte homogène.

3. Travaillez la pâte 10 minutes sur un plan de travail propre et saupoudré d'un peu de farine.

4. Formez une boule, tracez une croix à l'aide d'un couteau et laissez reposer au frais 20 minutes.

5. Pendant ce temps, aplatissez le beurre le plus finement possible entre deux feuilles de papier cuisson, et placez au congélateur 10 minutes.

6. Étalez la pâte au rouleau, placez le beurre aplati au centre et recouvrez-le de pâte.

7. Refermez bien le pâton pour recouvrir entièrement le beurre, retournez-le, faites pivoter d'un quart de tour et étalez la préparation avec un rouleau à pâtisserie 3 fois plus long que large.

8. Repliez le rectangle de pâte en trois en partant du dessus vers le milieu puis du bas sur les deux tiers déjà superposés. Allongez à nouveau puis répétez l'opération deux fois de plus, en laissant reposer 20 minutes au réfrigérateur à chaque fois.

9. Utilisez immédiatement ou conservez au réfrigérateur avant utilisation.

VALEURS NUTR.	*par personne*	IG 16 ; Kcal 129 ; Lip 8,5 ; Pro 6,9 ; Glu 5,4
VALEURS NUTR.	*pour 100 g*	IG 16 ; Kcal 310 ; Lip 20,4 ; Pro 16,5 ; Glu 13,1

Biscuits sablés

INGRÉDIENTS

- 90 g de beurre pommade
- 100 g de farine d'amande
- 40 g de poudre d'amande
- 30 g de sucre de coco
- 1 c. à c. de vanille en poudre non sucrée

PRÉPARATION

1. Passez tous les ingrédients au mixeur, ou mélangez-les bien dans un bol, et formez une boule.

2. Roulez cette boule en forme de boudin de 6 à 8 cm de diamètre. Enveloppez-le de film alimentaire, et réservez 30 minutes au réfrigérateur ou 10 minutes au congélateur.

3. Préchauffez le four à 140 °C.

4. Découpez le boudin de pâte en tranches d'environ 8 mm à 1 cm d'épaisseur. Disposez-les sur une plaque recouverte de papier sulfurisé, et faites cuire 20 à 25 minutes environ, jusqu'à ce que les biscuits soient très légèrement dorés.

VALEURS NUTR. *par biscuit* IG 17 ; Kcal 116 ; Lip 9,0 ; Pro 5,2 ; Glu 3,1

Cookies aux pépites de chocolat

Nous intégrons cette recette dans les bonus et les recettes de base : c'est LA recette de cookies ig bas qui vous dépannera en moins de 15 minutes, cuisson comprise. La preuve qu'il est possible de succomber à un plaisir sucré, healthy et ig bas en évitant la boite de cookies du commerce.

INGRÉDIENTS

- 30 g de chocolat noir à 70 % concassé (pépites)
- 60 g de beurre fondu
- 1 œuf
- 80 g de farine d'orge mondé
- 30 g de sucre de coco
- ½ sachet de levure chimique ou de poudre à lever bio

PRÉPARATION

1. Préchauffez le four à 180 °C.

2. Mélangez tous les ingrédients dans un bol à l'aide d'une cuillère en bois ou d'une maryse.

3. Formez environ 20 petites boules, disposez-les sur une plaque recouverte de papier cuisson. Aplatissez-les avec une fourchette ou le fond d'un verre, enfournez et faites cuire 10 minutes.

VALEURS NUTR. *par cookie* IG 19 ; Kcal 55 ; Lip 3,5 ; Pro 1,0 ; Glu 4,5

Cookies tout choco aux jaunes d'œufs

Pour 16 petits cookies.

Une recette bonus très pratique pour écouler vos jaunes d'œufs en surplus d'autres recettes.

INGRÉDIENTS

- 40 g de cacao en poudre non sucré
- 3 jaunes d'œufs
- 80 g d'amande en poudre
- 70 g de sucre de coco
- 120 g de fromage blanc ou de skyr
- ½ sachet de levure chimique ou de poudre à lever bio

PRÉPARATION

1. Préchauffez le four à 180 °C.

2. Mélangez tous les ingrédients dans un bol à l'aide d'une cuillère en bois ou d'une maryse.

3. Formez 16 boules, disposez-les sur une plaque recouverte de papier cuisson. Aplatissez-les avec une fourchette, enfournez et faites cuire 8 à 10 minutes environ.

VALEURS NUTR.	par cookie	IG 23 ; Kcal 79 ; Lip 5,0 ; Pro 3,1 ; Glu 5,0

Crème anglaise ig bas

Pour 350 ml environ.

INGRÉDIENTS

- 25 cl de lait (vache ou brebis demi-écrémé, ou lait végétal non sucré)
- 2 c. à s. de sucre de coco
- 4 jaunes d'œufs
- 2 c. à c. de vanille en poudre non sucrée (ou 1 gousse de vanille)

PRÉPARATION

1. Faites bouillir le lait avec la poudre de vanille (ou la gousse de vanille fendue en deux et grattée). Retirez du feu et laissez infuser et refroidir 10 minutes. Si vous avez utilisé une gousse, retirez-la en récupérant les grains et en les délayant dans le lait. Filtrez si besoin.

2. Dans un saladier, battez les jaunes d'œuf et le sucre de coco jusqu'à ce que le mélange devienne mousseux.

3. Ajoutez peu à peu le lait vanillé en continuant de battre. Remettez le tout dans la casserole du lait à feu moyen et mélangez avec une cuillère en bois jusqu'à ce que le mélange commence à s'épaissir. Ne pas laisser bouillir : retirez du feu dès que la crème s'épaissit, et fouettez jusqu'à complet refroidissement.

VALEURS NUTR.	pour 100 g	IG 20 ; Kcal 179 ; Lip 13,0 ; Pro 6,4 ; Glu 9,0

Crème pâtissière ig bas

Il s'agit de la même base de recette que la crème anglaise, à la différence que vous y ajoutez de la farine ig bas pour rendre la préparation plus épaisse.

INGRÉDIENTS

- 25 cl de lait (vache ou brebis demi-écrémé, ou lait végétal non sucré)
- 30 g de farine d'orge mondé
- 2 c. à s. de sucre de coco
- 4 jaunes d'œufs
- 2 c. à c. de vanille en poudre non sucrée (ou 1 gousse de vanille)

PRÉPARATION

1. Faites bouillir le lait avec la poudre de vanille (ou la gousse de vanille fendue en deux et grattée). Retirez du feu et laissez infuser et refroidir 10 minutes. Si vous avez utilisé une gousse, retirez-la en récupérant les grains et en les délayant dans le lait. Filtrez si besoin.

2. Dans un saladier, battez les jaunes d'œuf et le sucre de coco jusqu'à ce que le mélange devienne mousseux. Ajoutez progressivement la farine, en continuant de battre pour éviter la formation de grumeaux.

3. Ajoutez peu à peu le lait vanillé en continuant de battre. Remettez le tout dans la casserole du lait à feu moyen et mélangez avec une cuillère en bois jusqu'à ce que le mélange commence à s'épaissir. Ne pas laisser bouillir : retirez du feu dès que la crème s'épaissit, et fouettez jusqu'à complet refroidissement.

VALEURS NUTR.	Pour 100 g	IG 20 ; Kcal 182 ; Lip 11,6 ; Pro 6,4 ; Glu 12,7

Sauce caramel au beurre salé ig bas

Pour 1 petit pot de 250 ml environ.

INGRÉDIENTS

- 60 g de beurre demi-sel
- 3 c. à s. d'érythritol
- 2 c. à s. de sucre de coco
- 130 ml de crème fraiche épaisse légère à 8 %

PRÉPARATION

1. Dans une petite casserole, faites brunir le beurre quelques minutes à feu doux en remuant régulièrement.

2. Ajoutez l'érythritol, le sucre de coco, la crème épaisse et continuez à remuer.

3. Laissez mijoter à feu très doux pendant 10 à 15 minutes sans remuer.

4. Remuez une dernière fois et versez dans un petit pot de confiture.

5. Utilisez en accompagnement, dans une autre recette de dessert, et conservez quelques jours au maximum au réfrigérateur.

VALEURS NUTR. ***pour 100 ml*** IG 14 ; Kcal 240 ; Lip 21,8 ; Pro 2,0 ; Glu 26,4

Compote de pommes ig bas express

Pour un pot de 500 ml environ.

INGRÉDIENTS

- 5 pommes bio de taille moyenne
- 2 c. à c. de jus de citron
- 1 c. à s. de sucre de coco (facultatif)
- Une pincée de cannelle ou de vanille en poudre sans sucre (facultatif)

PRÉPARATION

1. Lavez et pelez les pommes.

2. Coupez-les en petits dés et placez-les dans un plat allant au micro-ondes.

3. Arrosez de jus de citron et saupoudrez le sucre de coco.

4. Faites cuire 10 à 12 minutes au micro-ondes, à puissance maximale.

5. Laissez refroidir, écrasez à l'aide d'une fourchette pour obtenir la texture adéquate, et transférez dans un bocal en verre. Laissez refroidir puis réservez au réfrigérateur.

6. Consommez rapidement.

VALEURS NUTR. ***pour 100 g*** IG 38 ; Kcal 50 ; Lip 0,4 ; Pro 0,4 ; Glu 12,6

Confiture d'abricots ig bas

INGRÉDIENTS

- 500 g d'abricots lavés et dénoyautés
- 1 c. à s. de jus de citron
- 1 c. à s. de sucre de coco
- ¼ de c. à c. d'agar-agar
- 1 c. à c. de vanille en poudre non sucrée

PRÉPARATION

1. Découpez les abricots en petits dés.

2. Arrosez les fruits de jus de citron et saupoudrez le sucre de coco.

3. Écrasez la préparation à l'aide d'une fourchette, ou mixez pour obtenir une texture plus lisse, puis transférez dans une casserole.

4. Ajoutez un peu d'eau si besoin (en fonction de la maturité des abricots) et faites cuire à feu moyen pendant 30 minutes, en remuant régulièrement.

5. Ajoutez l'agar-agar et faites bouillir 2 minutes.

6. Versez dans un pot à confiture, laissez refroidir et conservez quelques jours au réfrigérateur.

VALEURS NUTR.   ***Pour 100 g***   IG 35 ; Kcal 65 ; Lip 0,1 ; Pro 1,0 ; Glu 13,3

Gelée de groseilles ig bas

INGRÉDIENTS

- 500 g de groseilles fraiches ou surgelées
- 2 c. à c. de jus de citron
- 1 c. à s. de miel d'acacia
- 2 c. à s. de sucre de coco
- ¼ de c. à c. d'agar-agar
- 250 ml d'eau

PRÉPARATION

1. Lavez les groseilles, arrosez-les de jus de citron et saupoudrez le sucre de coco.

2. Écrasez la préparation à l'aide d'une fourchette puis transférez dans une casserole.

3. Ajoutez 300 ml d'eau, le miel, et faites cuire à feu vif pendant 15 minutes, en tournant constamment avec une cuillère en bois.

4. Filtrez le jus dans une autre casserole en pressant la préparation dans un torchon propre ou en la passant au chinois. Ajoutez l'agar-agar et faites bouillir 2 minutes.

5. Versez dans un pot à confiture, laissez refroidir et conservez quelques jours au réfrigérateur.

VALEURS NUTR.	Pour 100 g	IG 27 ; Kcal 97 ; Lip 0,1 ; Pro 0,1 ; Glu 15,4

Mousse au chocolat végan

INGRÉDIENTS

- 240 ml d'aquafaba (jus de pois chiches : la quantité de jus d'une boite de conserve de 400 g de pois chiches bio)
- 140 g de chocolat noir à 85 %
- 20 g de sucre de coco
- Optionnel : une pincée de piment

PRÉPARATION

1. Montez le jus de pois chiches en neige bien ferme (à l'aide d'un batteur ou au fouet).

2. Ajoutez le sucre de coco au jus de pois chiches en neige, et continuez de battre 1 minute de plus.

3. Faites fondre le chocolat : coupez tous les carrés de chocolat dans un bol et passez au micro-ondes 3 fois 30 secondes, en remuant à chaque fois.

4. Attendez que le chocolat ne soit plus brûlant et incorporez-le délicatement au jus de pois chiches monté en neige.

5. Ajoutez la pincée de piment et mélangez bien.

6. Versez dans 4 petits ramequins et réservez au frais 2 à 3 heures.

Valeurs nutritionnelles par personne :

Moins de **8 g de glucides** par portion.

Les valeurs nutritionnelles exactes de cette mousse au chocolat ne peuvent pas être calculées, en l'absence de données fiables sur celles de l'aquafaba, son principal ingrédient.

Pâte à tartiner ig bas

Pour 1 petit pot de 300 ml environ.

Qui a dit qu'on ne pouvait pas se faire plaisir en ig bas ? Exemple avec cette recette de pâte à tartiner choco-noisette très facile à faire!

Elle ne demande que deux ingrédients, et surtout, elle est bien meilleure pour la santé et au goût que les pâtes à tartiner du commerce, riches en graisses saturées, en sucre, en émulsifiant...

Voici la recette simple et express d'une pâte à tartiner sans sucres ajoutés :

INGRÉDIENTS

- 150 g de chocolat noir (à 70 % ou plus) concassé
- 120 ml de lait de noisette non sucré (ou de lait d'amande non sucré, à défaut)
- 60 g de purée de noisette complète

PRÉPARATION

1. Faites fondre le chocolat concassé dans un bol au micro-ondes : 3 fois 30 secondes à puissance maximale, en mélangeant à chaque fois.

2. Mélangez la purée de noisette avec le lait et incorporez le chocolat fondu. Réservez au frais pour que la pâte durcisse et conservez au réfrigérateur.

VALEURS NUTR.   ***pour 100 g***   IG 25 ; Kcal 375 ; Lip 30,5 ; Pro 8,7 ; Glu 12,9

Note : à comparer avec les valeurs d'une pâte à tartiner bien connue : Kcal **539** ; Lip **30,9** ; Pro **6,3** ; Glu **57,5**

Chai latte ig bas

INGRÉDIENTS

- 2 sachets de thé noir
- 10 cl de crème de coco
- 20 cl de lait d'amande non sucré
- 1 c. à c. de 4 épices
- 1 c. à c. de gingembre en poudre
- 1 c. à c. de graines de fenouil
- 1 c. à c. de cannelle en poudre
- 1 c. à c. de noix de muscade moulue
- 1 c. à c. de vanille en poudre non sucrée
- 4 clous de girofle
- 2 c. à c. de miel d'acacia
- 750 ml d'eau

PRÉPARATION

1. Dans une casserole, faites infuser le thé et les épices dans l'eau pendant 20 minutes. Retirez les sachets de thé et filtrez l'infusion obtenue si besoin.

2. Mélangez le lait d'amande et la crème de coco et réchauffez dans une casserole ou au micro-ondes.

3. Mélangez tous les ingrédients au shaker ou dans un blender, versez dans des verres, et servez saupoudré d'un peu de cannelle.

VALEURS NUTR. **pour un verre (25 cl)** IG 9 ; Kcal 99 ; Lip 7,9 ; Pro 1,3 ; Glu 4,2

Chocolat chaud aux amandes et aux épices

INGRÉDIENTS

- 45 cl de lait d'amande non sucré
- 20 g de cacao en poudre sans sucre
- 1 c. à s. de purée d'amande complète
- 1 c. à c. de 4 épices
- 1 c. à c. de cannelle en poudre
- 1 c. à c. de vanille en poudre non sucrée
- 2 c. à c. de miel d'acacia

PRÉPARATION

1. Mélangez tous les ingrédients au shaker ou dans un blender.

2. Faites chauffer à feu doux quelques minutes et servez dans 2 tasses.

VALEURS NUTR. **pour un verre (25 cl)** IG 25 ; Kcal 189 ; Lip 13,5 ; Pro 6,2 ; Glu 7,8

Votre carnet de recettes

—

Un index est disponible à la toute fin de cet ouvrage pour trouver des idées de recettes à partir des aliments en votre possession.

Voici la signification des quelques abréviations utilisées :

c. à s. = cuillerée à soupe rase

c. à c. = cuillerée à café rase

g = grammes

ml = millilitres

L = litre(s)

Toutes les unités des recettes sont exprimées en système métrique : grammes, millilitres, etc.
Si vous préférez le système impérial (onces, livres, tasses), vous retrouverez un tableau de conversion bien pratique en scannant ce code :

Gâteau ananas coco

INGRÉDIENTS

- 350 g d'ananas épluché et coupé en dés
- 100 g de noix de coco râpée
- 80 g de farine de noix de coco
- 2 yaourts grecs
- 80 g de beurre fondu
- 4 œufs
- 20 g de sucre de coco
- 1 sachet de levure chimique ou de poudre à lever bio
- Optionnel : 1 c. à s. de fleur d'oranger ou de rhum brun

PRÉPARATION

1. Préchauffez le four à 180 °C.

2. Beurrez un moule à manqué et placez-le au congélateur.

3. Mélangez les jaunes d'œufs avec le sucre de coco jusqu'à obtenir un mélange mousseux. Ajoutez les yaourts grecs, le beurre fondu, la farine tamisée, la noix de coco en poudre, la levure et la fleur d'oranger ou le rhum.

4. Battez les blancs en neige bien ferme à l'aide d'un batteur électrique. Incorporez délicatement au reste de la préparation avec une cuillère en bois.

5. Tapissez le fond du moule d'ananas puis versez la préparation.

6. Faites cuire 30 à 40 minutes et vérifiez la cuisson à l'aide d'un couteau.

VALEURS NUTR. *par portion* IG 25 ; Kcal 190 ; Lip 14,3 ; Pro 4,5 ; Glu 8,4

Bundt cake amande poire

INGRÉDIENTS

- 4 petites poires épluchées et coupées en dés
- 100 g de poudre d'amande
- 50 g de farine d'amande
- 50 g de farine d'orge mondé ou autre farine ig bas
- 250 g de fromage blanc ou de skyr
- 50 g de beurre fondu
- 4 œufs
- 30 g de sucre de coco
- 1 poignée d'amandes effilées
- 1 sachet de levure chimique ou de poudre à lever bio
- Optionnel : 1 c. à s. d'extrait d'amande amère sans sucre

PRÉPARATION

1. Préchauffez le four à 180 °C.

2. Beurrez un moule à bundt cake (ou un moule à manqué) et placez-le au congélateur.

3. Mélangez les jaunes d'œufs avec le sucre de coco jusqu'à obtenir un mélange mousseux. Ajoutez le fromage blanc, le beurre fondu, la poudre et la farine d'amande, la levure et l'extrait d'amande.

4. Battez les blancs en neige bien ferme à l'aide d'un batteur électrique. Incorporez délicatement au reste de la préparation avec une cuillère en bois. Ajoutez les morceaux de poire et mélangez à nouveau. Tapissez le fond du moule d'amandes effilées puis versez la préparation.

5. Faites cuire 30 à 40 minutes en vérifiant la cuisson à l'aide d'un couteau.

VALEURS NUTR. ***par portion*** IG 20 ; Kcal 187 ; Lip 13,1 ; Pro 7,2 ; Glu 10,1

Gratin de framboises

INGRÉDIENTS

- 400 g de framboises fraiches ou surgelées
- 4 œufs
- 1 petit-suisse
- 120 ml de lait d'amande non sucré
- 2 c. à s. de poudre de noisette
- 1 c. à s. de miel d'acacia
- 20 g d'huile de noix ou de noisette (ou une autre huile de votre choix supportant la cuisson)

PRÉPARATION

1. Préchauffez le four à 180 °C.
2. Beurrez un plat à gratin.
3. Déposez les framboises au fond du plat.
4. Mélangez le lait d'amande et le petit-suisse avec les œufs et le miel.
5. Versez sur les fruits et parsemez de poudre de noisette.
6. Enfournez et faites cuire 30 minutes. Dégustez !

VALEURS NUTR. *par personne*   IG 18 ; Kcal 247 ; Lip 16,1 ; Pro 11,1 ; Glu 8,7

Cake amande citron

INGRÉDIENTS

- 100 g de poudre d'amande
- 100 ml de lait (vache ou brebis demi-écrémé, ou lait végétal non sucré)
- 4 œufs
- 20 g de miel d'acacia
- 30 g de sucre de coco
- 1 poignée d'amandes effilées
- 1 citron bio et son zeste
- 3 c. à s. d'huile d'olive
- 1 sachet de levure chimique ou de poudre à lever bio

PRÉPARATION

1. Préchauffez le four à 180 °C, beurrez un moule à cake et mettez-le au réfrigérateur.

2. Dans un saladier, fouettez les œufs avec le miel d'acacia.

3. Ajoutez la poudre d'amande, le sucre de coco et la levure.

4. Lavez soigneusement le citron, prélevez et hachez le zeste avant de l'intégrer à la préparation.

5. Ajoutez le jus du citron et l'huile d'olive, mélangez et versez dans le moule à cake. Parsemez d'amandes effilées et enfournez.

6. Faites cuire 25 minutes et laissez refroidir avant de démouler.

VALEURS NUTR. **par personne** IG 14 ; Kcal 172 ; Lip 13,7 ; Pro 6,0 ; Glu 5,5

Moelleux au citron et pépites de chocolat

INGRÉDIENTS

- 50 g de poudre d'amande
- 50 g de farine de coco
- 50 g de chocolat noir (à 70 % ou plus) concassé (pépites)
- 80 ml de lait (vache ou brebis demi-écrémé ou lait végétal non sucré)
- 4 œufs
- 50 g de miel d'acacia
- 1 citron bio
- 2 c. à s. d'huile d'olive
- 1 sachet de levure chimique ou de poudre à lever bio

PRÉPARATION

1. Préchauffez le four à 180 °C, beurrez un moule à cake et mettez-le au réfrigérateur.

2. Lavez soigneusement le citron, prélevez le zeste et récupérez le jus.

3. Dans un saladier, fouettez les jaunes avec le miel, le jus et le zeste de citron, jusqu'à obtenir un mélange mousseux.

4. Ajoutez la farine de noix de coco, la poudre d'amande, l'huile, la levure et le lait.

5. Battez les blancs en neige bien ferme à l'aide d'un batteur électrique. Incorporez délicatement au reste de la préparation avec une cuillère en bois. Ajoutez les pépites de chocolat (en réservant une poignée pour la décoration) et mélangez à nouveau délicatement.

6. Versez dans le moule à cake, parsemez et enfoncez légèrement les pépites de chocolat restantes, puis enfournez. Faites cuire 30 minutes environ et laissez refroidir avant de démouler.

VALEURS NUTR. **_pour une part_** IG 17 ; Kcal 153 ; Lip 10,7 ; Pro 5,0 ; Glu 6,9

Cake chocolat courgette

Si vous n'avez jamais essayé, vous serez bluffé(e) par ce gâteau au chocolat qui ne sent pas du tout la courgette et dont la texture est ultra-fondante.

INGRÉDIENTS

- Une belle courgette (250 à 300 g)
- 100 g de chocolat noir à 85 % ou plus
- 4 œufs
- 50 g de farine de noix de coco
- 50 g de sucre de coco
- ½ sachet de levure chimique ou de poudre à lever bio

PRÉPARATION

1. Préchauffez le four à 180 °C, beurrez un moule à cake et mettez-le au réfrigérateur.

2. Lavez bien la courgette, enlevez la queue et coupez-la en cubes.

3. Utilisez 30 g du chocolat pour en faire des pépites à l'aide d'un couteau, et réservez-les pour les saupoudrer avant d'enfourner.

4. Versez tous les ingrédients (sauf les pépites de chocolat) dans un mixeur et mélangez bien jusqu'à obtenir une texture onctueuse.

5. Versez dans le moule à cake, parsemez de pépites et enfournez.

6. Faites cuire 25 minutes et laissez refroidir avant de démouler et de déguster.

VALEURS NUTR. ***par personne*** IG 15 ; Kcal 136 ; Lip 8,3 ; Pro 4,6 ; Glu 7,1

Gâteau au yaourt

INGRÉDIENTS

- 1 yaourt de brebis nature 0 % (le pot vide servira de mesure pour les autres ingrédients)
- 3 œufs
- 2 pots de farine d'amande
- 1 pot de farine d'orge mondé
- ½ pot de miel d'acacia
- ¾ de pot d'huile d'olive
- 1 sachet de levure chimique ou de poudre à lever bio
- 1 c. à s. de jus de citron
- Extrait naturel de vanille sans sucre

PRÉPARATION

1. Préchauffez le four à 180 °C.

2. Dans un saladier, versez le yaourt et ajoutez en mélangeant bien les jaunes d'œufs, le miel d'acacia, les farines, la levure, l'huile, le jus de citron et l'extrait de vanille.

3. Montez les blancs en neige ferme et incorporez-les doucement à la préparation à l'aide d'une cuillère en bois.

4. Versez dans un moule beurré et faites cuire 25 à 30 minutes.

VALEURS NUTR. *par portion*   IG 15 ; Kcal 148 ; Lip 7,9 ; Pro 9,7 ; Glu 7,9

Cookies choco pistache

INGRÉDIENTS

- 30 g de cacao en poudre non sucré
- 30 g de chocolat noir à 85 % (ou plus)
- 60 g de beurre fondu
- 1 œuf
- 20 g de farine d'amande
- 30 g d'érythritol
- 50 g de pistaches
- ½ sachet de levure chimique ou de poudre à lever bio

PRÉPARATION

1. Préchauffez le four à 180 °C.
2. Faites fondre le chocolat : coupez tous les carrés de chocolat dans un bol et passez au micro-ondes 2 fois 30 secondes, en remuant à chaque fois.
3. Enlevez l'enveloppe des pistaches et concassez-les grossièrement.
4. Mélangez tous les ingrédients dans un bol à l'aide d'une spatule.
5. Disposez environ 20 petits tas sur une plaque recouverte de papier cuisson à l'aide d'une cuillère. Passez au four 8 à 10 minutes.

VALEURS NUTR. *par mini cookie*   IG 10 ; Kcal 60 ; Lip 5,3 ; Pro 1,9 ; Glu 2,2

Cookies cœur fondant beurre de cacahuète

INGRÉDIENTS

- 60 g de chocolat noir (à 70 % ou plus) concassé
- 50 g de beurre fondu
- 1 œuf
- 60 g de farine d'orge mondé ou de petit épeautre intégrale
- 30 g de beurre de cacahuète
- 2 c. à c. de sucre de coco
- ½ sachet de levure chimique ou de poudre à lever bio

PRÉPARATION

1. Faites fondre 40 g de chocolat concassé dans un bol au micro-ondes (45 à 60 secondes à puissance maximale).
2. Mélangez avec le beurre de cacahuète et réservez au congélateur 5 à 10 minutes pour que le mélange durcisse. Quand la pâte a durci, formez 8 petites boules à l'aide d'une petite cuillère et remettez-les au congélateur 15 minutes.
3. Préchauffez le four à 180 °C.
4. Mélangez les pépites de chocolat restantes, le beurre fondu, l'œuf, la farine, le sucre de coco et la levure ou poudre à lever dans un bol à l'aide d'une cuillère en bois ou d'une maryse. Réservez au congélateur 5 à 10 minutes pour faire durcir la pâte.
5. Enrobez chaque boule chocolat-beurre de cacahuètes de pâte à cookie et disposez sur une plaque recouverte de papier cuisson.
6. Enfournez et faites cuire 12 minutes environ.

VALEURS NUTR.   *par cookie*   IG 19 ; Kcal 155 ; Lip 11,3 ; Pro 3,5 ; Glu 9,1

Cookies choco pécan

INGRÉDIENTS

- 30 g de cacao en poudre non sucré
- 30 g de chocolat noir à 70 % (ou plus)
- 60 g de beurre fondu
- 1 œuf
- 20 g de farine d'amande
- 30 g de sucre de coco ou d'érythritol
- 35 g de noix de pécan
- ½ sachet de levure chimique ou de poudre à lever bio

PRÉPARATION

1. Préchauffez le four à 180 °C.

2. Faites fondre le chocolat : coupez tous les carrés de chocolat dans un bol et passez au micro-ondes 2 fois 30 secondes, en remuant à chaque fois.

3. Mélangez tous les ingrédients, sauf les noix de pécan, dans un bol à l'aide d'une spatule.

4. Disposez environ 20 petits tas sur une plaque recouverte de papier cuisson à l'aide d'une cuillère. Piquez une noix de pécan au centre et faites cuire 8 à 10 minutes.

VALEURS NUTR. par mini cookie IG 15 ; Kcal 63 ; Lip 5,2 ; Pro 1,6 ; Glu 2,2

Cookies coco framboises

INGRÉDIENTS

- 1 petite banane pas trop mûre
- 100 g de framboises fraiches ou surgelées
- 50 g de noix de coco râpée
- 30 g de farine de noix de coco
- 30 g de beurre
- 2 œufs
- 2 c. à c. de sucre de coco (optionnel)
- ½ sachet de levure chimique ou de poudre à lever bio

PRÉPARATION

1. Préchauffez le four à 180 °C.

2. Écrasez la banane et mélangez tous les ingrédients dans un bol à l'aide d'une cuillère en bois ou d'une maryse.

3. Formez 18 boules et disposez-les sur une plaque recouverte de papier cuisson. Saupoudrez d'un peu de sucre de coco, aplatissez légèrement avec une fourchette et faites cuire 15 à 20 minutes environ, jusqu'à ce que les cookies soient bien dorés.

VALEURS NUTR.   *par cookie*   IG 24 ; Kcal 57 ; Lip 4,1 ; Pro 1,3 ; Glu 2,8

Cookies au citron

INGRÉDIENTS

- 100 g de farine d'orge mondé (ou autre farine ig bas)
- 80 g de fromage à la crème à tartiner (type Philadelphia®)
- 1 citron bio
- 1 œuf
- 30 g de beurre pommade
- 30 g de sucre de coco
- ½ sachet de levure chimique ou de poudre à lever bio

PRÉPARATION

1. Préchauffez le four à 180 °C.

2. Lavez soigneusement le citron et récupérez-en le zeste. Pressez-le pour en récupérer le jus.

3. Passez tous les ingrédients au mixeur et réservez la pâte à cookie au frais ou au congélateur quelques minutes pour qu'elle durcisse et qu'il soit plus facile de former des boules.

4. Formez environ 12 boules, disposez-les sur une plaque recouverte de papier cuisson. Aplatissez-les légèrement et faites cuire 12 à 15 minutes environ.

VALEURS NUTR. *par mini cookie*   IG 19 ; Kcal 79 ; Lip 4,0 ; Pro 2,1 ; Glu 8,2

Blondies noix et noisette sans farine

INGRÉDIENTS

- 100 g de purée de noisette
- 60 g de noix concassées (pécan ou de Grenoble)
- 1 œuf
- 80 g de poudre d'amande ou de noisette
- 30 g de sucre de coco
- ½ sachet de levure chimique ou de poudre à lever bio
- ½ c. à c. de liqueur d'amande non sucrée

PRÉPARATION

1. Préchauffez le four à 180 °C.

2. Mélangez tous les ingrédients dans un bol à l'aide d'une cuillère en bois ou d'une maryse, et étalez la pâte au fond d'un petit moule à gratin chemisé de papier cuisson.

3. Laissez cuire 15 à 20 minutes environ : sortez du four dès que les bords commencent à dorer.

4. Laissez refroidir, démoulez et découpez en une vingtaine de carrés.

VALEURS NUTR.   *par carré*   IG 20 ; Kcal 89 ; Lip 7,5 ; Pro 2,8 ; Glu 2,1

Blondies beurre de cacahuète sans farine

Pour 20 petits blondies.

INGRÉDIENTS

- 150 g de beurre de cacahuète
- 40 g de chocolat noir à 70 % (ou plus) concassé (pépites)
- 1 œuf
- 50 g de poudre d'amande ou de noisette
- 30 g de sucre de coco
- ½ sachet de levure chimique ou de poudre à lever bio
- 1 c. à c. de cannelle en poudre

PRÉPARATION

1. Préchauffez le four à 180 °C.

2. Mélangez tous les ingrédients dans un bol à l'aide d'une cuillère en bois ou d'une maryse, et étalez la pâte au fond d'un petit moule à gratin chemisé de papier cuisson.

3. Laissez cuire 15 à 20 minutes environ : sortez du four dès que les bords commencent à dorer.

4. Laissez refroidir, démoulez et découpez en une vingtaine de carrés.

VALEURS NUTR.   ***par carré***   IG 29 ; Kcal 85 ; Lip 6,3 ; Pro 3,2 ; Glu 3,4

Blondies cheesecake à la vanille

Pour 20 petits blondies.

INGRÉDIENTS

(pour la pâte à blondie)
- 1 œuf
- 30 g de beurre
- 15 g d'huile de noix
- 50 g de farine d'orge mondé ou de petit épeautre intégrale
- 40 g de farine d'amande
- 20 g de sucre de coco
- ½ sachet de levure chimique ou de poudre à lever bio

(pour la crème)
- 80 g de Philadelphia® (fromage à la crème à tartiner)
- 30 g de crème fraiche légère (8 %)
- 1 œuf
- 20 g de sucre de coco
- 2 c. à c. de vanille en poudre non sucrée

PRÉPARATION

1. Préchauffez le four à 180 °C.

2. Mixez tous les ingrédients de la pâte dans un mixeur et étalez-la au fond d'un petit moule à gratin chemisé de papier cuisson.

3. Au mixeur ou au batteur, mélangez les ingrédients de la crème pendant quelques minutes, jusqu'à ce qu'elle soit bien homogène.

4. Versez la crème par-dessus la pâte à blondie, enfournez et faites cuire 20 minutes.

5. Sortez du four, laissez refroidir puis réservez au frais au moins 30 minutes.

6. Démoulez, découpez en 20 carrés et dégustez !

VALEURS NUTR.   ***par carré***   IG 15 ; Kcal 60 ; Lip 3,7 ; Pro 2,4 ; Glu 4,0

Blondies au chocolat et fruits rouges ig bas

Pour 20 petits blondies.

INGRÉDIENTS

- 25 g de chocolat noir à 70 % concassé (pépites)
- 50 g de fruits rouges bio
- 1 œuf
- 30 g de beurre
- 15 g d'huile de noix
- 50 g de farine d'orge mondé ou de petit épeautre intégrale
- 40 g de farine d'amande
- 30 g de sucre de coco
- ½ sachet de levure chimique ou de poudre à lever bio

PRÉPARATION

1. Préchauffez le four à 180 °C.

2. Mixez tous les ingrédients, sauf les pépites de chocolat et les fruits rouges, dans un mixeur.

3. Étalez la pâte au fond d'un petit moule, parsemez les pépites de chocolat, les fruits rouges et enfournez.

4. Laissez cuire 15 minutes environ : sortez du four dès que les bords commencent à dorer. Le blondie est meilleur lorsqu'il n'est pas trop cuit.

5. Laissez refroidir, démoulez et découpez en une vingtaine de carrés.

VALEURS NUTR.   ***par carré***   IG 20 ; Kcal 52 ; Lip 3,2 ; Pro 1,9 ; Glu 3,7

Blondies pomme caramel

INGRÉDIENTS

- 150 g de compote de pomme ig bas express (voir recette p. 12)
- 1 œuf
- 15 g d'huile de noix (ou autre huile supportant la cuisson)
- 60 g de farine d'orge mondé
- 40 g de sauce caramel ig bas (voir recette p. 12)
- ½ sachet de levure chimique ou de poudre à lever bio

PRÉPARATION

1. Préchauffez le four à 180 °C.
2. Mixez tous les ingrédients sauf la sauce caramel.
3. Étalez la pâte au fond d'un petit moule, versez la sauce caramel en filet et enfournez.
4. Laissez cuire 15 minutes environ : sortez du four dès que les bords commencent à dorer. Le blondie est meilleur lorsqu'il n'est pas trop cuit.
5. Laissez refroidir, démoulez et découpez en une vingtaine de carrés.

VALEURS NUTR.	*par carré*	IG 24 ; Kcal 30 ; Lip 1,6 ; Pro 0,7 ; Glu 3,5

Brownies chocolat avocat noisettes

INGRÉDIENTS

- 40 g de chocolat noir à 85 % concassé (pépites)
- 30 g de noisettes
- 2 œufs
- 30 g de cacao en poudre non sucré
- 1 bel avocat bien mûr
- 50 g de farine d'amande
- 50 g de sucre de coco
- 1 c. à c. de vanille en poudre non sucrée
- 1 sachet de levure chimique ou de poudre à lever bio

PRÉPARATION

1. Préchauffez le four à 160 °C.
2. Mixez tous les ingrédients, sauf les pépites de chocolat et les noisettes, dans un mixeur.
3. Étalez la pâte au fond d'un petit moule, parsemez les pépites de chocolat, les noisettes entières et enfournez.
4. Laissez cuire 20 à 25 minutes environ : sortez du four quand les bords sont bien cuits.
5. Laissez refroidir, démoulez et découpez en 12 carrés.

VALEURS NUTR.	*par carré*	IG 16 ; Kcal 110 ; Lip 6,9 ; Pro 4,7 ; Glu 5,4

Tarte fraises pistaches

INGRÉDIENTS

- 120 g de biscuits sablés (voir recette p. 9)
- 20 g de beurre fondu
- 1 yaourt grec
- 50 g de crème fraiche légère 8 %
- 200 g de fraises lavées, équeutées et coupées en tranches
- 1 petite poignée de pistaches décortiquées et concassées
- 2 c. à c. de miel d'acacia
- 2 c. à c. de fleur d'oranger

PRÉPARATION

1. Préchauffez le four à 190 °C.

2. Mixez les biscuits sablés et le beurre fondu. Formez une boule, aplatissez-la et abaissez dans un moule à tarte chemisé de papier cuisson. Faites précuire 10 minutes au four.

3. Éteignez votre four, sortez le fond de tarte et laissez-le refroidir.

4. Fouettez la crème fraiche avec le miel d'acacia et la fleur d'oranger. Ajoutez le yaourt et fouettez à nouveau.

5. Versez la préparation sur le fond de tarte, disposez les fraises et parsemez de quelques éclats de pistache. Réservez au frais 30 minutes avant de servir.

VALEURS NUTR. *par tartelette*   IG 20 ; Kcal 180 ; Lip 12,9 ; Pro 3,8 ; Glu 10,8

INGRÉDIENTS

- 120 g de pâte brisée ig bas (voir recette p. 7)
- 3 petites pommes
- 90 g de poudre d'amande
- 60 g de gelée de groseille ig bas (voir recette p. 14)
- 1 œuf
- 1 c. à s. de sucre de coco
- 1 c. à c. de cannelle
- Des lentilles ou pois cassés pour la cuisson du fond de tarte

PRÉPARATION

1. Préchauffez le four à 200 °C.

2. Recouvrez un moule à tarte de papier cuisson, étalez la pâte et abaissez dans le moule. Piquez le fond avec une fourchette, garnissez de lentilles ou de pois cassés (réutilisables à chaque fois), enfournez et faites cuire 10 minutes.

3. Sortez le fond de tarte du four, retirez les lentilles ou les pois cassés puis étalez la gelée de groseille sur le fond de tarte encore chaud. laissez refroidir.

4. Lavez et épluchez les pommes. Râpez l'une des pommes et mélangez-la avec le sucre de coco, la poudre d'amande et l'œuf. Versez cette préparation.

5. Pelez le reste des pommes, coupez-les en lamelles, et disposez-les sur la surface.

6. Enfournez et faites cuire 20 minutes.

VALEURS NUTR. **par tartelette** IG 25 ; Kcal 208 ; Lip 13,2 ; Pro 8,8 ; Glu 10,7

Tartelettes au citron

INGRÉDIENTS

- 120 g de biscuits sablés (voir recette p. 9)
- 20 g de beurre fondu
- 2 citrons bio
- 3 œufs
- 3 c. à s. de sucre de coco

PRÉPARATION

1. Préchauffez le four à 190 °C.

2. Mixez les biscuits sablés et le beurre fondu. Formez 6 boules, aplatissez-les et abaissez-les dans les moules. Faites précuire 6 minutes au four.

3. Sortez les tartelettes et laissez le four en marche.

4. Lavez soigneusement l'un des 2 citrons et récupérez-en le zeste. Pressez les deux citrons pour en récupérer le jus. Battez les jaunes d'œufs avec 2 c. à s. de sucre de coco, mouillez peu à peu avec le jus de citron, puis faites épaissir dans une petite casserole à feu doux pendant 10 minutes environ. Incorporez le zeste de citron.

5. Versez la crème de citron sur les fonds de tartelettes, saupoudrez d'un peu de sucre de coco et faites caraméliser le dessus au four quelques minutes.

VALEURS NUTR. ***par tartelette***	IG 13 ; Kcal 196 ; Lip 13,6 ; Pro 5,9 ; Glu 11,4

Cheesecake au citron

INGRÉDIENTS

(pour le fond)

- 60 g de beurre pommade
- 50 g d'amande en poudre
- 40 g de farine de coco
- 1 œuf
- 2 c. à s. de miel d'acacia
- 1 c. à s. de mélange 4 épices
- 1 c. à s. de cannelle

(pour la crème)

- 200 g de fromage à la crème à tartiner (type Philadelphia®)
- 100 g de lait concentré non sucré
- 2 c. à s. de farine d'orge mondé (ou autre farine ig bas)
- 2 œufs
- 1 gros citron bio (ou 2 petits)
- 20 g de sucre de coco
- 2 c. à s. de miel d'acacia
- Optionnel : le zeste d'un citron vert à saupoudrer au-dessus du cheesecake

PRÉPARATION

1. Préchauffez le four à 180 °C.

2. Utilisez un moule rond de 20 cm de diamètre, à bords hauts (10-15 cm) et à charnière. Tapissez-le de papier cuisson : un disque au fond du moule et une large bande pour les côtés.

3. Faites fondre le beurre, versez tous les ingrédients du fond dans un mixeur ou un bol, et mélangez bien pour former une boule. Réservez au frais au moins 30 minutes.

4. Étalez la pâte au rouleau entre 2 feuilles de papier cuisson sur une épaisseur de 3 à 4 mm environ, puis faites cuire 10 à 15 minutes, jusqu'à ce que la pâte soit bien dorée. Laissez le four allumé, retirez la pâte à biscuit du four et une fois refroidie, réduisez-la en chapelure à la main, puis réservez.

5. Mélangez le fromage à la crème, les jaunes d'œufs un par un, le zeste, le lait concentré, la farine et le jus de citron. Passez si besoin au mixeur pour bien homogénéiser le mélange.

6. Montez les blancs en neige (avec une pincée de sel), et incorporez-les au mélange.

7. Répartissez la chapelure dans le fond du moule et pressez pour former une croûte. Versez la crème et faites cuire 30 minutes.

9. Sortez le cheesecake du four, laissez refroidir puis réservez au frais avant de déguster.

VALEURS NUTR. ***par part*** IG 15 ; Kcal 340 ; Lip 24,3 ; Pro 11,5 ; Glu 15,9

Verrines moka

INGRÉDIENTS

- 3 œufs
- 1 c. à s. de café instantané
- 1 c. à s. de cacao en poudre non sucré
- 2 c. à s. d'eau
- 80 g de chocolat noir à 85 % ou plus
- 30 g de sucre de coco

PRÉPARATION

1. Au bain-marie, faites fondre le chocolat avec l'eau et le café soluble. Ajoutez le sucre de coco, les jaunes d'œufs et continuez à faire épaissir 5 à 10 minutes au bain-marie. Laissez refroidir.

2. Dans un saladier, montez les blancs en neige bien ferme et incorporez-les à la crème tiédie. Versez dans les verrines et réservez au frais avant de servir.

VALEURS NUTR. **pour une verrine** IG 11 ; Kcal 231 ; Lip 15,6 ; Pro 8,3 ; Glu 9,9

Barres caramel chocolat

INGRÉDIENTS

- 100 g de sauce caramel au beurre salé (voir recette p. 12)
- 80 g de chocolat noir à 70 % ou plus
- 100 g d'amandes ou de noix (entières et concassées)
- 1 c. à c. de vanille en poudre non sucrée

PRÉPARATION

1. Chemisez le fond d'un petit moule à gratin d'une feuille de papier cuisson.

2. Faites réchauffer légèrement la sauce caramel pour la rendre plus liquide et étalez-la dans le fond du moule.

3. Faites fondre le chocolat : coupez tous les carrés de chocolat dans un bol et passez au micro-ondes 3 fois 30 secondes environ, en remuant à chaque fois. Laissez tiédir puis répartissez sur le caramel.

4. Parsemez d'amande ou de noix entières et/ou concassées et tassez légèrement avec les mains.

5. Réservez au frais le temps que l'ensemble durcisse, puis coupez 12 barres à l'aide d'un couteau.

VALEURS NUTR. **par barre** IG 18 ; Kcal 102 ; Lip 8,6 ; Pro 2,5 ; Glu 4,3

Barres granola aux pépites de chocolat

Pour 12 barres.

INGRÉDIENTS

- 100 g de flocons d'avoine
- 40 g de chocolat noir à 70 % concassé (pépites)
- 15 g de beurre fondu
- 30 g de poudre d'amande
- 30 g d'amandes concassées
- 30 g de noix concassées
- 30 g de graines mélangées (sésame, chia, tournesol, pignons de pin, etc.)
- 1 c. à s. de miel d'acacia

PRÉPARATION

1. Préchauffez le four à 180 °C et disposez une feuille de papier cuisson dans le fond d'un plat à gratin.

2. Mélangez tous les ingrédients dans un bol à l'aide d'une maryse. Versez ce mélange dans le plat et tassez bien à l'aide d'une spatule.

3. Faites cuire 20 minutes environ, laissez refroidir un peu et découpez des barres individuelles.

VALEURS NUTR.   *par barre*   IG 35 ; Kcal 103 ; Lip 8,4 ; Pro 2,5 ; Glu 3,5

Barres granola aux noix de pécan

Pour 12 barres.

INGRÉDIENTS

- 100 g de flocons d'avoine
- 10 g de beurre fondu
- 50 g de poudre d'amande
- 100 ml de lait d'amande non sucré (ou lait de vache ou brebis demi-écrémé ou autre lait végétal non sucré)
- 80 g de noix de pécan concassées
- 2 c. à s. de sucre de coco
- 1 œuf
- 1 c. à c. de cannelle en poudre

PRÉPARATION

1. Préchauffez le four à 180 °C et disposez une feuille de papier cuisson dans le fond d'un plat à gratin.

2. Mélangez tous les ingrédients dans un bol à l'aide d'une maryse. Versez ce mélange dans le plat et tassez bien à l'aide d'une spatule.

3. Faites cuire 20 minutes environ, laissez refroidir un peu et découpez des barres individuelles.

VALEURS NUTR.   *par barre*   IG 29 ; Kcal 109 ; Lip 8,8 ; Pro 2,7 ; Glu 4,1

Biscuits aux amandes

INGRÉDIENTS

- 80 g de beurre pommade
- 50 g de farine d'amande
- 150 g de poudre d'amande
- 20 g de sucre de coco
- 1 œuf + 1 jaune (pour la décoration)
- 15 g de sirop d'agave
- 1 c. à c. de vanille en poudre non sucrée
- ½ sachet de levure chimique ou de poudre à lever bio

PRÉPARATION

1. Passez tous les ingrédients au mixeur, ou mélangez-les bien dans un bol, et formez une boule.

2. Roulez cette boule en forme de boudin de 6 cm de diamètre. Enveloppez-le de film alimentaire, et réservez 30 minutes au réfrigérateur.

3. Préchauffez le four à 160 °C.

4. Découpez le boudin de pâte en une dizaine de tranches et disposez-les sur une plaque recouverte de papier cuisson.

5. Délayez le jaune d'œuf avec un peu d'eau et utilisez un pinceau pour recouvrir les biscuits avant de les enfourner 20 minutes environ, jusqu'à ce que les biscuits soient dorés.

VALEURS NUTR. **_par biscuit_** | IG 14 ; Kcal 193 ; Lip 16,1 ; Pro 7,2 ; Glu 4,1

Fondants cacahuète caramel beurre salé

Pour 16 petits carrés.

INGRÉDIENTS

- 60 g de beurre demi-sel
- 60 g de beurre de cacahuète
- 3 c. à s. d'érythritol
- 1 c. à s. de sucre de coco
- 130 ml de crème fraiche épaisse légère à 8 %

PRÉPARATION

1. Dans une petite casserole, faites brunir le beurre quelques minutes à feu doux en remuant régulièrement.

2. Ajoutez l'érythritol, le sucre de coco, la crème épaisse et continuez à remuer.

3. Laissez mijoter à feu très doux pendant 10 à 15 minutes sans remuer.

4. Ajoutez le beurre de cacahuète, mélangez bien et versez dans un moule recouvert d'une feuille de papier cuisson.

5. Mettez au congélateur pendant au moins une heure.

6. Quand le mélange a durci, démoulez et coupez en petits carrés ou en bûches. Dégustez avec un café ou un chocolat chaud aux épices (voir recette p. 19).

VALEURS NUTR. **par caramel** IG 19 ; Kcal 59 ; Lip 5,2 ; Pro 1,3 ; Glu 3,5

Fondants amande caramel

Pour 16 petits carrés.

Une variante de la recette précédente avec de la purée d'amande pour remplacer le beurre de cacahuète. Un goût totalement différent et une douceur à ig bas, malgré la présence de caramel ! À consommer avec modération, en fonction de vos objectifs.

INGRÉDIENTS

- 60 g de beurre demi-sel
- 60 g de purée d'amande
- 3 c. à s. d'érythritol
- 1 c. à s. de sucre de coco
- 130 ml de crème fraiche épaisse légère à 8 %

PRÉPARATION

1. Dans une petite casserole, faites brunir le beurre demi-sel quelques minutes à feu doux en remuant régulièrement.

2. Ajoutez l'érythritol, le sucre de coco, la crème épaisse et continuez à remuer.

3. Laissez mijoter à feu très doux pendant 10 à 15 minutes sans remuer.

4. Ajoutez la purée d'amande, mélangez bien et versez dans un moule recouvert d'une feuille de papier cuisson.

5. Mettez au congélateur pendant au moins une heure.

6. Quand le mélange a durci, démoulez et coupez en petits carrés ou en bûches. Dégustez avec un café ou un chocolat chaud aux épices (voir recette p. 19).

VALEURS NUTR. **Par caramel** IG 16 ; Kcal 60 ; Lip 5,5 ; Pro 1,2 ; Glu 3,2

Frittata framboises et amandes

INGRÉDIENTS

- 100 g de framboises fraiches ou surgelées
- 3 œufs
- 1 petit-suisse (60 g)
- 1 petite poignée d'amandes effilées
- Optionnel : 1 c. à c. de sucre de coco
- 1 c. à c. d'huile d'olive

PRÉPARATION

1. Rincez les framboises si elles sont fraiches et égouttez-les.

2. Battez les œufs en omelette en ajoutant le petit-suisse.

3. Faites chauffer l'huile d'olive dans une poêle avec un peu d'eau et versez la préparation. Cuisez 2 à 3 minutes, puis ajoutez les framboises.

4. Laissez prendre en soulevant délicatement les bords pendant quelques minutes de plus.

5. Retournez la frittata sur un plat, saupoudrez d'amandes effilées et d'un peu de sucre ig bas (si besoin).

VALEURS NUTR. **par personne** | IG 14 ; Kcal 300 ; Lip 19,1 ; Pro 17,2 ; Glu 8,6

Gratin de pêches

INGRÉDIENTS

- 400 g de pêches (environ 3 petites)
- 4 œufs
- 1 petit-suisse
- 120 ml de lait d'amande non sucré
- 2 c. à s. d'amandes effilées
- 1 c. à s. de sirop d'agave ou de yacón
- 30 g de beurre

PRÉPARATION

1. Préchauffez le four à 180 °C.
2. Beurrez un plat à gratin.
3. Épluchez les pêches et déposez-les au fond du plat.
4. Mélangez le lait d'amande et le petit-suisse avec les œufs et le sirop d'agave (ou de yacón).
5. Versez sur les fruits et parsemez d'amandes effilées.
6. Faites cuire 30 minutes et dégustez.

VALEURS NUTR.   *par personne*   IG 17 ; Kcal 246 ; Lip 17,2 ; Pro 12,9 ; Glu 9,6

Cheesecake sablé framboise chocolat

INGRÉDIENTS

(pour la pâte)

- 50 g de beurre pommade
- 40 g de poudre d'amande
- 40 g de farine d'amande
- 10 g de cacao en poudre non sucré
- 1 c. à s. de sucre de coco
- 1 c. à c. de vanille en poudre non sucrée

(fourrage)

- 120 g de framboises (fraiches ou surgelées)
- 80 g de fromage à la crème type Philadelphia®
- 2 c. à c. de sucre de coco
- 80 g de chocolat noir à 85%

PRÉPARATION

1. Préchauffez le four à 160 °C.

2. Passez tous les ingrédients de la pâte au mixeur et étalez au fond d'un moule à cheescake chemisé d'une feuille de papier cuisson.

3. Enfournez et faites cuire 15 minutes environ : sortez du four quand la pâte sablée commence à dorer, et laissez refroidir.

4. Réservez 20 framboises entières et mixez le reste. Passez au chinois pour enlever les gros grains. Ajoutez le fromage à la crème, 2 c. à c. de sucre de coco et mélangez bien.

5. Nappez le fond sablé de cette mousse de framboise, piquez les 20 framboises, parsemez de copeaux de chocolat noir et réservez 1 à 2 heures au frais avant de servir.

VALEURS NUTR. **par part**   IG 20 ; Kcal 206 ; Lip 15,6 ; Pro 6,4 ; Glu 6,6

Barres crumble fourrées aux fruits rouges

INGRÉDIENTS

(pour la pâte)

- 80 g de beurre pommade
- 80 g de farine d'orge mondé ou autre farine ig bas
- 80 g de poudre d'amande
- 1 c. à s. de sucre de coco
- 1 c. à c. de cannelle

(fourrage)

- 120 g de mélange de fruits rouges frais ou surgelés
- 1 c. à s. de miel d'acacia

PRÉPARATION

1. Passez tous les ingrédients de la pâte au mixeur, formez une boule et réservez 30 minutes au réfrigérateur.

2. Préchauffez le four à 160 °C.

3. Faites cuire les fruits rouges à feu moyen puis doux avec le miel d'acacia pendant 20 à 30 minutes environ, le temps d'obtenir une compotée. Passez au mixeur et réservez au frais.

4. Sortez la pâte du réfrigérateur et coupez-la en deux. Étalez le premier pâton aux dimensions d'un petit moule à gratin sur une feuille de papier cuisson.

5. Placez la pâte sur son papier au fond du moule. Tartinez de compotée de fruits rouges et émiettez le reste de pâte sablée sur toute la surface.

6. Enfournez et faites cuire 25 à 30 minutes environ : sortez du four quand la pâte sablée commence à dorer. Laissez refroidir, démoulez et découpez en carrés.

VALEURS NUTR.	*par sablé*	IG 22 ; Kcal 94 ; Lip 7,0 ; Pro 2,1 ; Glu 5,4

INGRÉDIENTS

- 90 g de beurre pommade
- 100 g de farine d'amande
- 40 g de poudre d'amande
- 1 citron jaune
- 30 g d'érythritol
- 1 c. à c. de vanille en poudre non sucrée

PRÉPARATION

1. Zestez le citron.

2. Passez tous les ingrédients au mixeur, ou mélangez-les bien dans un bol, et formez une boule.

3. Roulez cette boule en forme de boudin de 6 à 8 cm de diamètre. Enveloppez-le de film alimentaire, et réservez 30 minutes au réfrigérateur ou 10 minutes au congélateur.

4. Préchauffez le four à 140 °C.

5. Découpez le boudin de pâte en tranches d'environ 8 mm à 1 cm d'épaisseur. Disposez-les sur une plaque recouverte de papier sulfurisé et faites cuire 20 à 25 minutes environ, jusqu'à ce que les biscuits soient très légèrement dorés.

VALEURS NUTR.	*par biscuit*	IG 19 ; Kcal 118 ; Lip 7,9 ; Pro 5,3 ; Glu 5,7

Crêpes tourbillon vanille chocolat

INGRÉDIENTS

- 120 g de farine d'orge mondé (ou autre farine ig bas)
- 50 g de farine de coco
- 2 œufs moyens
- 300 ml de lait (vache ou brebis demi-écrémé ou lait végétal non sucré)
- 30 g de beurre fondu
- 100 g de chocolat noir à 70 % ou plus
- Quelques gouttes d'extrait de vanille non sucré (ou ½ c. à c. de vanille en poudre non sucrée)
- Optionnel : 1 c. à s. de sucre de coco (ou d'érythritol ou autre sucre ig bas supportant la cuisson), 1 c. à s. de rhum

PRÉPARATION

1. Battez les œufs dans un bol, et ajoutez-y 100 ml de lait environ, les farines, le beurre fondu, la vanille, le sucre de coco (optionnel) et le rhum (optionnel).

2. Continuez de battre en ajoutant progressivement le reste du lait.

3. Faites fondre le chocolat au bain-marie.

4. Divisez la pâte à crêpe en deux parties égales et ajoutez le chocolat fondu dans l'une. Mélangez pour obtenir une pâte au chocolat.

5. Laissez reposer 30 minutes à température ambiante.

6. Faites chauffer une noix de beurre ou un filet d'huile dans votre poêle et disposez une louche de préparation au chocolat en formant un tourbillon. Ajoutez la pâte à crêpe à la vanille pour remplir le reste de la surface de la poêle.

7. Faites cuire de chaque côté et placez dans une assiette.

8. Répétez l'opération jusqu'à ce que vous n'ayez plus de pâte.

VALEURS NUTR.	*par crêpe*	IG 21 ; Kcal 108 ; Lip 5,5 ; Pro 3,6 ; Glu 9,5

Bowl cake fraise chocolat (et courgette)

INGRÉDIENTS

- Une demi-courgette (200 g)
- 50 g de chocolat noir à 85 % ou plus
- Quelques fraises
- 4 feuilles de menthe
- 3 œufs
- 30 g de farine de noix de coco
- 40 g d'érythritol
- ½ sachet de levure chimique ou de poudre à lever bio

PRÉPARATION

1. Lavez bien la courgette, enlevez la queue et coupez-la en cubes.

2. Utilisez 10 g du chocolat pour faire des copeaux à l'aide d'un économe, et réservez-les pour les saupoudrer à la fin de la cuisson des bowls cakes.

3. Coupez les fraises en morceaux.

4. Versez tous les ingrédients (sauf les 10 g de copeaux de chocolat et les fraises) dans un mixeur et mélangez bien jusqu'à obtenir une texture onctueuse.

5. Ajoutez les fraises à la pâte.

6. Versez dans 4 petits bols.

7. Faites cuire chaque bol environ 60 à 80 secondes au four à micro-ondes (en fonction de votre four à micro-ondes : faites des tests et notez le temps adéquat pour vous, en fonction de sa puissance. Évitez de trop cuire le bowl cake, qui deviendrait trop sec).

8. Retournez les bowls cakes dans des assiettes à dessert, saupoudrez de copeaux de chocolat, de menthe fraiche et d'une fraise, puis laissez fondre les copeaux et servez.

VALEURS NUTR. *par personne* IG 18 ; Kcal 133 ; Lip 7,7 ; Pro 6,9 ; Glu 7,0

INGRÉDIENTS

- 90 g de beurre pommade
- 40 g de poudre d'amande
- 50 g de farine d'amande
- 30 g de cacao en poudre non sucré
- 30 g d'érythritol
- 3 c. à s. de lait (vache ou brebis demi-écrémé, ou lait végétal non sucré)
- ½ sachet de levure chimique ou de poudre à lever bio

PRÉPARATION

1. Passez tous les ingrédients au mixeur, ou mélangez-les bien dans un bol, et formez une boule.

2. Roulez cette boule en forme de cylindre de 6 cm de diamètre environ. Enveloppez-le de film alimentaire, et réservez 30 minutes au réfrigérateur ou 10 minutes au congélateur.

3. Préchauffez le four à 160 °C.

4. Découpez le cylindre de pâte en tranches d'environ 8 mm d'épaisseur. Disposez-les sur une plaque recouverte de papier cuisson, et faites cuire environ 10 à 12 minutes.

VALEURS NUTR.	***par biscuit***	IG 20 ; Kcal 142 ; Lip 10,7 ; Pro 4,9 ; Glu 5,8

Biscuits sablés amande et pépites de chocolat

Pour 10 sablés.

INGRÉDIENTS

- 80 g de beurre pommade
- 50 g de poudre d'amande
- 50 g de farine d'amande
- 30 g de farine d'orge mondé (ou autre farine ig bas)
- 30 g de chocolat noir à 70 % (ou plus)
- 20 g de sucre de coco
- 30 ml de lait d'amande non sucré
- ½ sachet de levure chimique ou de poudre à lever bio

PRÉPARATION

1. Concassez le chocolat pour obtenir des pépites.

2. Mélangez tous les ingrédients dans un bol à l'aide d'une cuillère en bois ou d'une maryse et formez une boule.

3. Roulez cette boule en forme de cylindre de 6 cm de diamètre environ. Enveloppez-le de film alimentaire et réservez 30 minutes au réfrigérateur.

4. Préchauffez le four à 160 °C.

5. Découpez le cylindre de pâte en tranches d'environ 8 mm d'épaisseur. Disposez-les sur une plaque recouverte de papier cuisson et passez au four 10 à 12 minutes environ.

VALEURS NUTR. *par biscuit* IG 19 ; Kcal 145 ; Lip 11,5 ; Pro 4,6 ; Glu 5,4

Financiers amande citron

Pour 12 financiers.

INGRÉDIENTS

- 30 g de farine d'orge mondé ou autre farine ig bas
- 3 blancs d'œufs (vous pouvez utiliser les jaunes pour réaliser une mayonnaise maison par exemple, ou des cookies tout choco aux jaunes d'œufs : voir recette p. 10)
- 60 g de poudre d'amande
- 50 g de beurre pommade
- Le zeste d'un citron jaune bio
- 20 g de sucre de coco
- 1 c. à s. de miel d'acacia

PRÉPARATION

1. Préchauffez le four à 220 °C.

2. Lavez bien votre citron et récupérez le zeste.

3. Mélangez tous les ingrédients dans un bol à l'aide d'une cuillère en bois ou d'une maryse, et répartissez la préparation dans un moule à financiers en silicone (ou un moule à muffins, à défaut).

4. Enfournez et faites cuire 10 à 12 minutes.

VALEURS NUTR. *par financier* IG 15 ; Kcal 94 ; Lip 6,3 ; Pro 2,3 ; Glu 4,4

Crumble pomme banane ig bas

INGRÉDIENTS

- 5 pommes de taille moyenne
- 150 g de banane pas trop mûre
- 80 g de beurre pommade
- 100 g de farine d'amande
- 50 g de poudre d'amande
- 2 c. à c. de sucre de coco
- 1 c. à s. de cannelle en poudre

PRÉPARATION

1. Préchauffez le four à 190 °C.

2. Beurrez un moule à gratin et placez-le au congélateur.

3. Lavez et pelez les pommes. Coupez-les en petits dés et réservez-les. Coupez les bananes en rondelles.

4. Faites chauffer 30 g de beurre dans une poêle à feu vif. Une fois le beurre fondu, ajoutez les morceaux de pomme et 1 c. à c. de sucre de coco. Faites caraméliser pendant 10 minutes à feu vif, en remuant énergiquement. Ajoutez les bananes et mélangez sur le feu pendant 2 à 3 minutes supplémentaires.

5. Mélangez à la main la farine, la poudre d'amande, le reste de beurre pommade, 1 c. à c. de sucre de coco et la cannelle en poudre pour obtenir une pâte sablée.

6. Versez les morceaux de pomme caramélisée et les bananes au fond du moule, et recouvrez de pâte sablée. Enfournez et faites cuire 25 à 30 minutes.

7. Sortez du four quand le dessus est bien doré et dégustez tiède.

VALEURS NUTR.	***par portion***	IG 31 ; Kcal 211 ; Lip 13,3 ; Pro 8,5 ; Glu 12,9

Muffins fruits rouges coco

Pour 6 muffins.

INGRÉDIENTS

- 200 g de mélange de fruits rouges frais ou surgelés
- 50 g de noix de coco râpée
- 60 g de farine de noix de coco
- 60 g de fromage blanc ou de skyr
- 30 g de beurre fondu
- 2 œufs
- 1 c. à s. de sucre de coco
- ½ sachet de levure chimique ou de poudre à lever bio

PRÉPARATION

1. Préchauffez le four à 180 °C.

2. Beurrez un moule à muffins et placez-le au congélateur.

3. Mélangez les jaunes d'œufs avec le sucre jusqu'à obtenir un mélange mousseux. Ajoutez le fromage blanc, le beurre, la farine tamisée, la noix de coco en poudre et la levure.

4. Battez les blancs en neige bien ferme à l'aide d'un batteur électrique. Incorporez délicatement au reste de la préparation avec une cuillère en bois. Ajoutez le mélange de fruits rouges (en réservant quelques fruits pour la décoration) et mélangez à nouveau délicatement.

5. Versez dans le moule à muffins et piquez quelques fruits rouges en surface.

6. Passez au four 25 à 30 minutes environ, et vérifiez la cuisson à l'aide d'un couteau.

VALEURS NUTR.   *par muffin*   IG 20 ; Kcal 179 ; Lip 13,2 ; Pro 5,7 ; Glu 6,6

Abricots rôtis au miel et aux amandes

INGRÉDIENTS

- 4 abricots dénoyautés et coupés en deux
- 2 c. à c. de jus de citron
- 2 c. à c. de miel d'acacia
- 1 poignée d'amandes effilées
- 20 g de beurre

PRÉPARATION

1. Préchauffez le four à 200 °C.

2. Enduisez les demi-abricots de jus de citron à l'aide d'un pinceau pour éviter qu'ils ne noircissent et disposez-les dans le fond d'un plat à gratin, côté évidé vers le bas.

3. Dans une petite casserole, faites chauffer le beurre quelques minutes à feu moyen avec le miel, en remuant régulièrement. Nappez le dessus des abricots de ce mélange et faites cuire 15 à 20 minutes.

4. Sortez les abricots du four, ajoutez les amandes effilées et dégustez. Vous pouvez accompagner d'une crème anglaise chaude (voir recette p. 12).

VALEURS NUTR.   ***par portion*** IG 31 ; Kcal 164 ; Lip 10,4 ; Pro 2,0 ; Glu 13,6

Pudding graines de chia pamplemousse

Pour 4 verrines.

INGRÉDIENTS

- 180 g de pamplemousse coupé en dés (½ pamplemousse)
- 300 ml de lait d'amande non sucré
- 8 c. à s. de graines de chia
- 1 c. à s. de sucre de coco
- Une pincée de gingembre en poudre

PRÉPARATION

1. Réservez quelques dés de pamplemousse pour la décoration, mélangez tous les ingrédients et versez dans les verrines.

2. Décorez avec quelques dés de pamplemousse et réservez au frais 2 à 3 heures avant de servir.

VALEURS NUTR.   ***par verrine***   IG 25 ; Kcal 107 ; Lip 6,1 ; Pro 2,9 ; Glu 7,5

Panna cotta lait d'amande et kiwi

Pour 4 verrines.

INGRÉDIENTS

- 45 cl de lait d'amande non sucré
- 200 g de kiwi (3 petits ou 2 gros kiwis) épluchés et coupés en dés
- 2 c. à c. de sucre de coco
- 1 sachet d'agar-agar (2 g)
- 1 c. à c. d'extrait naturel de vanille non sucré

PRÉPARATION

1. Dans une casserole, mettez le lait d'amande, l'agar-agar, 1 c. à c de sucre de coco et la vanille.

2. Portez à ébullition pendant 2 minutes en remuant.

3. Déposez au fond de 4 verrines quelques morceaux de kiwi, versez le mélange et laissez refroidir. Placez au réfrigérateur 30 minutes minimum.

4. Réservez quelques morceaux de kiwi pour la décoration, mixez le reste des kiwis avec 1 c. à c. de sucre de coco. Réservez au frais.

5. Recouvrez chacune des verrines avec le coulis de kiwi, décorez de petits morceaux de kiwi et servez.

VALEURS NUTR.   ***par verrine***   IG 33 ; Kcal 81 ; Lip 3,6 ; Pro 1,3 ; Glu 7,4

Tiramisu à la groseille

INGRÉDIENTS

- 50 g de groseilles ou autres fruits rouges frais ou surgelés
- 8 c. à s. de gelée de groseilles ig bas (voir recette p. 14)
- 2 yaourts grecs (ou 230 g de fromage blanc ou de skyr)
- 2 c. à c. de miel d'acacia
- ½ c. à c. de vanille en poudre non sucrée

PRÉPARATION

1. Fouettez le yaourt grec avec le miel et la vanille.

2. Versez un fond de gelée de groseilles dans chaque verrine, ajoutez 2/3 de yaourt battu, une nouvelle couche de gelée et terminez par le restant de yaourt. Répartissez les groseilles ou fruits rouges sur le dessus des verrines.

4. Réservez au frais avant de servir.

VALEURS NUTR. **par verrine** IG 19 ; Kcal 80 ; Lip 1,9 ; Pro 2,3 ; Glu 10,1

Mousse banane cannelle express

INGRÉDIENTS

- 1 petite banane pas trop mûre
- 2 yaourts grecs
- 80 g de fromage à la crème à tartiner (type Philadelphia®)
- 1 c. à c. de sucre de coco
- 1 pincée de cannelle en poudre

PRÉPARATION

1. Épluchez et écrasez la banane. Ajoutez le yaourt, le fromage à la crème, le sucre de coco, la cannelle et mélangez bien.

2. Versez dans des verrines et saupoudrez d'une pincée de cannelle. Réservez au frais 30 minutes minimum avant de servir.

VALEURS NUTR. **par verrine** IG 20 ; Kcal 120 ; Lip 6,6 ; Pro 4,2 ; Glu 9,9

Bouchées à la framboise

Pour 12 bouchées.

INGRÉDIENTS

- 50 g de beurre fondu
- 100 g de framboises fraiches ou surgelées
- 80 g de flocons d'avoine
- 30 g de farine d'amande ou autre farine ig bas
- 1 œuf
- 20 g de sucre de coco + une pincée supplémentaire
- ½ sachet de levure chimique ou de poudre à lever bio
- ½ c. à c. d'extrait d'amande amère non sucré

PRÉPARATION

1. Préchauffez le four à 180 °C.

2. Mélangez tous les ingrédients dans un bol à l'aide d'une cuillère en bois ou d'une maryse.

3. Disposez 12 petits tas sur une plaque recouverte de papier cuisson, saupoudrez d'un peu de sucre de coco et enfournez 10 minutes environ.

VALEURS NUTR. ***par bouchée*** IG 27 ; Kcal 64 ; Lip 4,3 ; Pro 2,3 ; Glu 3,5

Crème chocolat express

Pour 4 personnes.

INGRÉDIENTS

- 40 g de chocolat noir à 70 % (ou plus)
- 2 œufs
- 200 ml de lait (vache ou brebis demi-écrémé, ou lait végétal non sucré)
- 2 c. à c. de sucre de coco

PRÉPARATION

1. Beurrez 4 petits ramequins allant au micro-ondes et mettez-les au congélateur.

2. Faites fondre le chocolat au bain-marie. Battez bien le lait, les œufs et le sucre de coco. Quand la préparation est homogène, ajoutez le chocolat fondu.

3. Remplissez les ramequins avec la préparation et faites cuire individuellement 90 à 120 secondes au micro-ondes, à puissance maximale (en fonction de votre four : faites des tests et notez les temps adéquats).

4. Réservez au réfrigérateur et servez frais.

VALEURS NUTR. ***par personne*** IG 18 ; Kcal 131 ; Lip 9,4 ; Pro 5,3 ; Glu 5,7

Bouchées cheesecakes beurre de cacahuète

INGRÉDIENTS

(pour la pâte)

- 50 g de beurre pommade
- 50 g de poudre d'amande
- 50 g de flocons d'avoine
- 2 c. à c. de miel d'acacia
- 1 c. à c. de cannelle en poudre

(pour la crème)

- 50 g de Philadelphia® (fromage à la crème à tartiner)
- 50 g de crème fraiche épaisse légère à 8 %
- 2 c. à s. de miel d'acacia
- 40 g de beurre de cacahuète
- 10 g de chocolat noir à 70 % en copeaux

PRÉPARATION

1. Préchauffez le four à 160 °C.

2. Mélangez tous les ingrédients de la pâte et étalez-la dans le fond d'un petit moule à gratin chemisé d'une feuille de papier cuisson.

3. Enfournez et faites cuire 15 à 20 minutes environ : sortez du four quand la pâte sablée commence à dorer et laissez refroidir.

4. Au mixeur ou au batteur, mélangez le Philadelphia®, la crème, le beurre de cacahuète et 2 c. à s. de miel. Continuez de battre jusqu'à obtenir une crème bien homogène.

5. Recouvrez le sablé de cette crème, parsemez de copeaux de chocolat et réservez au frais 30 minutes minimum (idéalement plusieurs heures, voire une nuit entière).

6. Découpez en 12 carrés au moment de déguster.

VALEURS NUTR. **par bouchée** IG 27 ; Kcal 106 ; Lip 8,7 ; Pro 2,6 ; Glu 3,8

Truffes chocolat cœur croquant amande

INGRÉDIENTS

- 100 g de chocolat noir à 85 %
- 12 amandes entières
- 50 g de purée d'amande
- 50 g de crème fraiche épaisse légère à 8 %
- 1 c. à s. de sucre de coco
- 1 c. à s. de cacao en poudre sans sucre

PRÉPARATION

1. Faites fondre le chocolat : coupez tous les carrés de chocolat dans un bol et passez au micro-ondes 3 fois 30 secondes, en remuant à chaque fois.

2. Mélangez le chocolat avec la purée d'amande et la crème, ajoutez le sucre de coco et réservez au frais 30 minutes, le temps que le mélange durcisse.

3. Formez une douzaine de boules à l'aide d'une petite cuillère en ajoutant une amande entière au centre et roulez-les dans le cacao en poudre.

VALEURS NUTR.   ***par truffe***   IG 24 ; Kcal 92 ; Lip 7,4 ; Pro 2,2 ; Glu 2,2

Truffes au beurre de cacahuète

INGRÉDIENTS

- 100 g de chocolat noir à 85 %
- 40 g de beurre de cacahuète
- 30 g de crème fraiche épaisse légère à 8 % (ou de crème de coco non sucrée)
- 2 c. à c. de sucre de coco
- Une poignée d'amandes concassées

PRÉPARATION

1. Faites fondre 70 g de chocolat : coupez tous les carrés de chocolat dans un bol et passez au micro-ondes 2 fois 30 secondes, en remuant à chaque fois.

2. Mélangez le chocolat avec le beurre de cacahuète et la crème, ajoutez le sucre de coco et réservez au frais 30 minutes, le temps que le mélange durcisse.

3. Formez une dizaine de boules à l'aide d'une petite cuillère, faites fondre le restant de chocolat au micro-ondes et roulez chaque boule dans le chocolat fondu. Parsemez un peu d'amande concassée et réservez au frais avant de déguster.

VALEURS NUTR.	*par truffe*	IG 27 ; Kcal 97 ; Lip 7,8 ; Pro 2,3 ; Glu 2,3

Conclusion

Régalez-vous au dessert, même en ig bas !

Nous espérons que ces recettes de desserts rapides et faciles vous auront offert un aperçu des possibilités que laisse l'alimentation ig bas, même pour finir son repas sur une note sucrée.

Vous pouvez tout à fait vous régaler en minimisant votre glycémie, en choisissant bien vos ingrédients et en privilégiant le "fait maison" et des recettes simples.

... Bonne dégustation à vous !

Qu'en avez-vous pensé ?

Ce qui nous aide le plus si vous souhaitez participer à la démocratisation de l'IG Bas avec nous, c'est de nous laisser un commentaire sur Amazon pour l'un de nos livres.

Si vous pouviez prendre 1 min de votre temps pour nous dire ce que vous en avez pensé en scannant ce code :

Environ **7 %** des ventes de livres génèrent un avis ;

Seulement **2 %** des lecteurs prennent quelques secondes pour écrire un commentaire.

C'est dire si votre avis compte !

Une simple note (même sans avis : c'est, littéralement, l'histoire de quelques secondes !) fait une énorme différence pour nous.

En évaluant nos livres, vous aiderez d'autres personnes intéressées par l'alimentation IG Bas à découvrir ces recettes elles aussi.

Merci pour cette aide précieuse !

Avant de partir

Votre bonus offert

Téléchargez votre Pack IG BAS VIP contenant :

➠ La liste des aliments utilisés, leur IG, toutes leurs valeurs nutritionnelles, au format imprimable et tableur

➠ Votre cahier de suivi IG de 6 semaines

➠ Notre guide complet de l'alimentation IG Bas en PDF

➠ Le guide des Farines IG Bas en PDF

➠ Le guide des Sucres IG Bas en PDF

Et d'autres ressources pour faciliter votre vie en IG BAS !

Scannez ce code pour accéder aux bonus

Ou suivez ce lien

bit.ly/bonus-desserts

Index

Principaux aliments

Mes Notes

Mes Notes

Mes Notes

Printed in France by Amazon
Brétigny-sur-Orge, FR

17345709R00042